JN438302

아이야!

아~이야!

-生卽生-

新山 김 종 환 제4시집

도서출판 천우

● 시인의 말

아름다운 생명력이
그 아름다움을 잉태하듯이
지혜, 명철, 풍부한 지식으로 창조하는 사람이
결국 이 세상을 변화시키는
창조물을 만들어낼 수 있어.

아이야!
서기전 3000~3500년경 단웅 시대에서
단군 시대에 창조된 국조 단군께서
널리 인간 세계를 이롭게 하라는 그 홍익인간의 혼을 가진
KOREAN의 한 사람으로 너와 나는 태어났으니,

"나는~" 누구인가를 바르게 알고
"나에게~" 풍부한 지식을 가득 채우고
"나를~" 더욱 지혜롭게 하여

KOREA와 인간 세상에 이로운 사람이 되기 위해
노력하며 살아간다면 국조 단군의 그 홍익 정신으로
새 생명을 잉태하게 되므로 대한민국의 사람으로서
그 사람의 인생은 가장 의미가 있고,
가장 가치 있는 인생이라고 할 수 있겠지.

2017년 12월

新山

제1부

나는~

● 시인의 말

제2부

나에게~

제3부

나를~

제4부

우리는 KOREAN~

제1부

나는~

아이야!
나는 누구인지에 대해
바르게 알고, 더욱더 나답게
살아갈 수 있다면
정말 멋진 삶이 되겠지.

나는 누구지

아이야,
나는 누구지,
누구나 이름이 있잖아.

그 이름으로 나를 알 수 있고,
나의 생명의 원천인 조상, 부모가 있다는 것도
알 수 있고,
그리고 내가 살아가야 할 이유도
그 이름에 있어.

그 이름을 점점 빛나게 하고
점점 아름답게 하고, 점점 용기 있게 만들고
…………………………

그렇게 해서
나의 이름을 이 세상에 아름다운 결실로
남겨놓은 사람들,
그 사람들을 역사에서는 위인이라고
말하고 있지.

生則生

— 새 생명은 새 생명을 낳고

새 생명은 새 생명을 낳고,
거짓말은 불신을 낳고
그리고 또
사랑은 서로 함께하는 기쁨이 있고,
거짓말은 서로의 마음을 닫게 하는 우울함이 있어.

거짓말은 또 거짓말을 낳고
사랑은 또 사랑을 낳으니

풍요롭고 아름답게 삶을 살아가고 싶다면
당연히 사랑하는 방법을 터득하고

그 사랑으로
사랑하는 사람을 기쁘게 해줄 때
그 사랑은
진정 함께하는 사랑이라고
할 수 있겠지.

그리고
그 사랑으로 자리니는 것은
사랑하며 살아가는 우리의 새 생명력이잖아.

나도야

나도야
자존심이 있다고.

내가
즐거운 마음이
없는데.

어떻게
내가 너를 즐겁게
해주기를 바라니.

참으로
웃기는 일이잖아.

세상이
점점 과학화되어 가면서

점점 사라져 가는 것은
사랑하며 살아가는 사람들 같아.

아이야!
인간적으로 서글퍼지는구나.

아이야

아이야!
너는 우리의 영광이고
기쁨이란다.

세상은
참으로 신비스러운
곳이야.

어둠이 몰려오면
세상은 어두워지고

빛이 세상을 비추면
세상은 생명의 환희가 넘쳐나지.

그런데
그 빛이 무엇인지 아니
그 빛은 어둠을 사라지게 하는
바로 너의 밝은 마음, 지혜
그리고 담대한 용기란다.

그래서 아이야!
미래의 우리 세상을 만들어낼 너는
우리의 영광이자 기쁨이란다.

진실이 승리하는 그날까지

아이야,
잘못을 인정할 수 있는
용기가 없는 사람은
결코 그 잘못을 고치지 않아.

그 잘못 자체가
자신이 목적하는 바이므로
오직 그 목적만을 정당화하려고 하지.

그러한 사람과
어떠한 대화를 한다고 하더라도
진실이라는 것은 절대로 존재할 수 없음을
알아야 해.

그다음에 할 수 있는 것은
진실의 힘으로 그 거짓보다
더 용기 있게
더 지혜롭게
더 담대하게
....

그 진실의 힘이
승리하는 그날까지,

그것만이
오직 자신의 진실을 인정받을 수 있는
유일한 방법임을
명심하고 또 명심하렴.

죽은 자는 영원히 말이 없잖아.

사랑이라

서로를
이해하고,

서로를
즐겁게 해주고,

함께하는
기쁨으로 서로 의지하며
행복함을 느끼며

살아가는
사람들.

그 마음은
언제나 사랑이라.

나는 오늘 웃는다

나는
오늘 웃는다.

마음 평안한
미소를 띄우며.

아이야!
힘들어도 살아가야 할
내 인생인데,

그 누구를 탓한들
언제나 그렇고 그런 인생이잖아.

오늘도 나는 웃는다,
나의 꿈을 꾸며.

그 꿈을 꾸며 노력하며
살아가는 이 순간

어떠한 고난과 역경에서도
나는 기쁨이고 희망이다.

나는 아이의 아빠란다

나는 아빠,
아이에게 하고 싶은 말이 있어도
여러 가지를 먼저 생각한다.

아이의 마음에
상처를 주지 않으려고 하는
나는 아빠.

하고 싶은 말이
있는데

그래도 눈에 눈물이 고여도
울지 않고
제대로 깨우쳐주지 못한
죄 때문에

다시 침묵하는
아버지.

아이야!
이제야 나의 아버지도
그렇게 살았다는 것을 생각하게 되는
나는 아이의 아빠란다.

느끼게 하라

항상
나로 인해 느끼게 하라.

즐거움,
행복함,
감성적 기쁨,
뇌감적 환희,
……………………

그러한 감정도 없는데
어떻게 함께 행복함으로
살아갈 수 있겠니.

옛말에도 있어,
마음이 떠나면
몸도 떠난다고.

6월이 오면

6월이 오면
나의 마음을 설레게 하는
무궁화 꽃이 어김없이 피어나는데

아이야!
너는 무궁화 꽃을 보았니?

무궁화 꽃이 피는 6월이 되어도
관심을 가지지 않는 것 같아.
그래도 KOREA의 땅 어느 곳에선가
지난 역사의 모든 고통을 고스란히 간직한 채
무궁화 꽃이 피어나지.

아이야!
무궁화 꽃은 너와 내가 태어나기 전부터
우리의 역사와 함께한 우리의 얼이잖아.

아이야!
1년에 한 번 정도는 6월이 오면 무궁화 꽃의 매력을
느껴보는 것도 정말 좋을 것 같아.

왜냐하면 그 느낌이 애국가를 부를 때마다
무궁화 꽃에 숨겨진
영원한 우리의 생명력을 느낄 수 있게 하거든.

천 번 만 번

비록
내일이 어떻게 될지는
모르지만

반드시
해야 할 일이 있다면
시작해.

주저하는 그 자체가
자신을 더욱더 소심하게 만들어
아무것도 못 하게 만들어 버린다고.

하고 싶은 일이 있다면
주저하지 말고 일단 시작해.

아이야!
시간이 지나면
알 수 있어.

그 현실에서
웃을 수 있는 자신을 바라보며

시작한 것이
천 번 만 번 잘했다는 것을.

좋겠어

아이야!
만나면 만날수록
더욱더 믿음이 많아지는 친구가 되었으면
나는 좋겠어.

제발
기대 그 이상은 아니라도
다시 믿을 수 있는 친구이었으면
좋겠어.

사람이 사람을 만나는 것은
당연한 사실인데

그래서 더욱 서로의 만남에
나쁜 기억을 남기는 일이 없었으면
나는 좋겠어.

다시 만나도 서로 얼굴을 보고
활짝 웃을 수 있다면

너무너무 좋겠어.

정글 속에서

정글 속에서
생존하느냐 못 하느냐는
나의 노력하기에 달려 있어.

생존하기 위한 노력을
할 수 있는 것뿐만 아니라
남이 할 수 없다고 하는 것도
할 수 있는 용기와 지혜로 나아가는 것이
가장 최선의 방법이겠지.

생존력은
살아 있는 동안
곧 능력이니깐.

계속 GO, GO, GO

가야지,
가다가 멈추면
아니 간 것보다 못하다고 하잖아.

계속 GO,
이런 마음가짐으로,
칠전팔기 신념으로.

내일,
어떠한 일이 일어날지
아무도 몰라.

단지 아무도 모르게
내가 꿈꾸고 있는 그 일이
일어날지도
아무도 몰라.

오직 그날이
언제일지 모르지만
오늘 열정을 다해 살아가게 하는
그 힘이 되고 있어.

아이야, 그 힘으로
계속 GO, GO, GO.

원망하지 마

원망하지 마,
그렇다고 새로운 그 무엇이
만들어지지는 않아.

어쩌면
일시적으로 자신의 불만을
표현한 것에 불과해.

아이야,
진정 그 무엇을 바꾸려면
내가 그만한 능력이 있어야 해.

그러니깐 바꾸려면
온갖 시련을 참고 견뎌야지.

그 무엇을 바꿀 수 있는
그 순간까지.

가을비 속의 자유

오늘은 내 생에 있어서
가장 자유스러운 날.

오늘 가을비가 내린다,
빗속을 걷고 또 걷는다.
차들이 지나가고,
빌딩들이 지나가고,
사람들이 저마다 꿈을 꾸며 걸어간다.
그 속에 내가 있다.

활기찬 서울 도시 숲,
걸을수록 생동감 넘치는 세상이 보인다,
지난날의 내 모습이 보인다.
이렇게 나는
자유로움으로 서울 도시 숲을
가을비와 함께 걷는다.

아이야! 너무 좋다,
KOREA의 땅, 생동감 넘치는
서울 도시 숲을 걷고 있는 오늘.
나는 가을비 속의 자유다.

침묵하렴

할 말을 했으면
침묵하렴.

선택은
그 말을 들은 사람에게
있으니.

그 하는 말과 행동을 보고,
나에게 도움이 되는 방향으로
나아갈 수 있어.

아이야! 반드시
승리하기를 소망한다면

할 말을 했으면
그 말과 행동이 나올 때까지는
인내함으로 침묵하렴.

목소리 낮추어

듣는 사람,
힘들어.

목소리,
낮추어.

개인적으로는 하고 싶은 말을
마음껏 하고 즐길 수 있겠지만

가까이에서 듣고 있는 사람은
소음이라고.

왜냐하면 그 사람도 다른 사람과
대화하고 있거든.

아이야,
공공장소에서 크게 말하는 것은
공해야.

너도 그런 분위기에 있다면
아마 엄청 화를 낼 것 같은데.

그래 나는 살자

좋아서 그러는데,
믿어서 그러는데,
의지하고 싶어서 그러는데,

그래
나는 살자.

함께 산다는 것이 별게 있나
그래도 좋아하고 있다는
것만으로도

함께해야 할
사람이잖아.

그래 가끔 화가 나고,
가끔 심하게 다투기도 하고
살지만

그 누구와도
그 이상도 아니거든.

그래도 마음 한가운데에는
언제나 그 사람이 자리를 잡고 있어.

베품

조금이라도
남에게 기쁜 마음을 느낄 수 있도록
배려하는 것처럼
자신을 즐겁고 행복하게 해주는 것은
없을 거야.

아이야!
한번 그렇게 생각하고
배려하며 살아봐,
그리고 느껴봐.

그만한
기쁨과 행복은
돈으로는
결코 살 수 없어.

얼마나 열심히 일해서 낸 세금인데

서민들은
생계형 돈을 벌기 위해
얼마나 열심히 일하고
나라 세금을 내는데.

그 돈은 정말 나라가
잘되는 곳으로 사용해야
세금을 낸 서민들이 좋아하지.

그 돈을 자기 돈인 양 자기 마음대로
사용한다면 서민인 나는 말은 못 해도
분통이 터져.

반복될수록
마음은 점점 더 멀어져 가지.

얼마나 열심히 일해서
낸 세금인데.

진실과 거짓

진실과 거짓은 진실한 사람만이
정확하게 구분할 수 있어.
왜냐하면 거짓된 사람은 그 거짓된 생각과 행동을
스스로 거짓된 것이라고 하지 않고
자신이 하는 행위를 항상 정당화하려고 하지.
사기 치는 사람은 끝없이 사기 치고 또 치고…

그러니깐 거짓된 사람은
결코 진실해질 수 없다는 거야.

겉으로 보이는 모습만으로는
그 사람의 참모습을 볼 수 없어.
겉으로는 그렇게 착해보였던 사람이
한순간에 강도, 사기범, 강간범으로 돌변하기도 하지.

아이야!
내가 진실한 사람이 되지 않고서는
진실과 거짓을 선별할 수 있는 사람이
될 수 없다는 것이
이제는 분명해졌지.

할 거야

절대 포기하지 않을 거야,
반드시 해내고야 말 거야.
내가 나를 비겁자로 만들고
싶지 않아.
그래서 할 거야.

비록 지금은 부족하고, 어려움이 많지만
인내하고 계속 노력하다 보면
좋은 결실이 있으리라는 믿음으로
마지막 그 순간까지 가야지.

그 다음은 마음을 평안하게 하고
사실 그대로 받아들이고
진정한 나를 깨달아야겠지,
그다음에 올 새로운 인생을
맞이하려면.

그래서 아이야!
나는 끝까지 할 거야.

조급함

조급함은 어떠한 일이라도
좋은 결과를 만들지 못하게 해.

왜냐하면 좋은 결과를 만들기 위해서는
침착함으로 좋은 결과를 만들 수 있는
방법을 깨닫고 그 방법을
내가 실천해야 가능하거든.

그런데 조급함은
마음을 불안하게 만들어서 판단을 제대로 못 하게 해.
왜냐하면 자신의 감정을 스스로 통제하지
못하게 되는 경우라고 할 수 있겠지.

아이야! 신기하잖아,
행동하는 사람은 바로 자신인데
그 행동을 통제해야 할 사람이 감정에
사로잡혀 그 감정대로 행동하게 된다는 것.

그래서
성숙한 사람과 성숙하지 못한 사람의 차이가
그 행동에서 나타나.

처음 그 마음으로

말은 참으로 쉬워,
사랑한다고.

정말 사랑해야 할 때에는
사랑보다 자신을 사랑하지 않는다는
이런저런 이유로
헤어지자고 하거든.

진정 사랑한다고 했던
그때에는 그냥 좋아서
그 감정에 빠져 사랑한다고
했던가.

아이야! 진정한 사랑은
감정이 아니라 어떠한 상황에서도
처음 느꼈던 그 마음으로, 그 사랑으로

그 사람을
내 사람으로 만들어갈 줄 아는 사랑이
진정한 사랑이잖아.

나는 행복해

너와 나,
함께하는 행복
아름다워.

너의 아름다운 곳에
머물고 있는 나의 마음은
마냥 기쁘고 즐거워,
사랑한다는 말을 하지 않아도
사랑하고 있음을
너의 맑은 눈동자와
나를 위한 배려를 보며 느껴.

아이야!
너와 함께하는 이 순간
사랑해,
나는 행복해,
너무 좋아.

서글퍼지는구나

조금만 더 사랑했더라면
그렇게 쉽게 포기하지 않았을 텐데.

조금만 더 지혜로웠더라면
그렇게 단순하게 생각하지 않았을 텐데.

조금만 더 깊이 생각했더라면
이렇게 후회하지는 않았을 텐데.

복잡한 세상,
완벽하게 산다는 것은 불가능한 일이지만,
그래도
사랑하는 사람들의 마음에
슬픈 상처는 남기지 말아야지.

아이야! 잘못된 선택을 한
사람들의 인생 사연을 들을 때마다
괜스레
서글퍼지는구나.

즐거워서 행복해서

입맞춤,
즐거워서 행복해서.

좋아하는 사람과
함께하는 이 순간
좋고 좋아서
입맞춤 또 입맞춤.

한평생을
이 마음으로
이 기쁨으로
입맞춤, 키스하며
살 수만 있다면

아이야!
생각만 해도 절로 즐거워지고
행복해지는데.

티격태격

서로에게
관심을 가지고
티격태격할 때가 좋아.

서로에게
잔정이 많아서
그래.

살맛이
나잖아.

현실의 나

지금의 나는
현실의 나.

아이야!
지금 나의 미래를 꿈꾸며
노력하며
살아가지 않는데,

내일은
당연히 오늘과 같은
현실일 뿐.

내일도
지금과 같은데

어떤 희망으로
지금 즐겁게 살아갈 수
있겠니.

내일은
당연히 지금이겠지.

말이란

말이란
그 사람의 인품이지.

말이란
그 사람의 능력이기도 하고,

말이란
그 사람의 보이지 않는 또 다른
생각이고,

말이란
때가 되면 그 진실은 진실임을,
거짓은 거짓임을 입증하는 증거이기도 해.

아이야,
말이란 참으로 신기하지.

마음에 없는 말은 NO

형식적으로 하는 말
나는 듣기 싫어,
잘 들리지도 않아.

마음에 와닿아야 하는데
전혀 그렇지 않아.

눈에 보여야 하고,
마음으로 느껴야
감동받아서 좋아하지.

전혀
마음이 동하지 않고,
오히려 짜증 나고 화가 나.

아이야!
마음에 없는 말,
이제는 NO.

이런들 저런들

이런들 어떠하고,
저런들 어떠하겠니?

사람마다
다 다른 것을.

그렇다고
나하고 같은 생각을 하고
살아가자고 한들
그렇게 살아갈 사람은
그 어느 나라에도 없어.

그래도 한때에는
좋아하고 사랑했잖아.

날씨도
사시사철 변화하는데
사람이라고 별수 있겠어.

아이야! 그래도
좋아하고 사랑하며 살아가는 사람이 있다면
참으로 지혜롭고 현명하고
행복한 사람이겠지.

절대로 바보가 되지 마

아이야,
바보는 단순하고, 착하지.
바보는 귀가 얇아서
거짓된 말도 들은 바대로 잘 믿어.

사기꾼은
그것을 이용하려고 해.

사기꾼이
바보를 좋아하는 이유는
사기꾼이 하고 싶은 대로 할 수 있기
때문이야.

그러니깐
절대로 바보가 되지 마.

바보가 되는 순간
너의 영혼도 바보가 되어버린다고.

사랑으로 희망을 찾아

사람들이 왜 파멸할까?
본인은 그렇게 생각조차
하지 못하는 모양이야.

원망하면 할수록
점점 죽어가는 것은

자신의 의욕과 판단력인데,
그리고 결국은 자기 파멸인데
왜 깨닫지 못할까?

아이야!
정말 지혜로운 사람은
어려울 때일수록
원망보다 사랑으로 자신의 희망을 찾아
정말 열심히 살아가거든.

죽느냐 사느냐

내가 죽느냐 사느냐 문제야,
그 누구의 의견을 들을 수 있으나
최종 선택은 내가 할 수밖에.

내가 죽는 그 순간부터는,
내가 망하고 나서부터는,
내가 완전 패하고 나서부터는,
그 누구도 알아주지를 않아.

죽느냐 사느냐
나의 생존권이야.
선택은 내가 할 수밖에.

그리고
가능한 한 모든 지혜와 능력을
동원해서라도

아이야!
목숨 걸고, 지키고 번영해
나가야 해,
이것만이 나의 살길이잖아.

위험과 도전

위험하다면 조심해야 하겠지.
그렇다고 위험을 피하다 보면
새로운 삶을 개척하지 못하겠지.

그 위험을 도전하고 극복해야
남보다 먼저 새로운 영역에
들어갈 수 있어.

위험하다고 하지 않으면
그 만큼 나는 더 소극적인 사람이 돼.

어차피 가야 할 길이라면
도전해볼 만하잖아.

고생한 만큼 성공하는 순간
그 이상의 보상을 충분히
받을 테니깐.

실패하더라도
도전해보았다는 것과 실패의 원인을
하나 배웠다는 것으로도
보상받은 거잖아.

어느 아름다운 소녀의 마음

"나는
아름다운 사람.

나의 아름다움을
사랑해줄 사람이 있다면
그 사람이 내 사랑인데.

그 아름다움을
언제나 고이 간직하고 살아가고 싶은 것은
내 사랑이 나를 꼭 찾아오기를
소망하기 때문.

그래서 나는
언제나 나의 아름다움을
만들어가는 나는 아름다운 사람.

나의 그 아름다움을
사랑해줄 사람이 있다면
그 사람이 내 사랑."

이 마음은
어느 아름다운 소녀의 마음.

문화 재생

문화는
생명 에너지.

문화는
사람들의 생활 활력소.

문화가
사라지면 사람들의 삶도
시들해져.

다시 사람들에게 삶의 활력을
불어넣기 위해서는 달리 방법이 없어.

있다면 단 하나,
그곳의 생동감을 불러일으켜 줄
문화를 다시 재생해주어야 해.

함께하는 삶에
흥이 넘쳐나도록.

그래야,
사람들이 그렇게 살고 싶어서
너도 나도 모이지.

마음이 찡해

나라 사랑하는 젊은이들,
마음이 찡해.

나라가 어려울 때
나라를 지키겠다고
또한 전우들과 함께하겠다는 그 말이
나라 사랑하는
모든 사람들의 가슴을 울렸어.

정말 희망적인 나라,
어려울수록 하나 되는 힘,
보이지 않는 KOREA의 홍익 혼이 살아 있음을
가슴 깊이 느끼게 한
대한의 젊은이여!

그대들에게 할 수 있는 말,
"감사, 감사, 감사"밖에 없어.

제2부

나에게~

아이야!
내가 나에게 언제나
꿈과 행복으로 살아가게 하는
희망적 지혜와 능력을
내 스스로 만들어간다면
하루하루가 기쁨이 넘칠 거야.

나에게

나에게
우리나라가 이런 나라이었으면
좋겠어.

미래의 희망을 꿈꾸며
열심히 살아갈 수 있는 나라,

공의와 정의가 살아서
사악함과 교활함을 몰아내고
서로 신뢰하며 사람 살아가기 좋은 나라,

좀 힘들어도
마치 정체되는 가운데에서도
교통신호를 지키는 것처럼
서로 희망을 바라보며
조금 여유로운 마음으로 배려하며
기다려주는 사람들이 사는 나라,
……………………………………

아이야, 대한 나라는
너와 나, 우리의
영원한 삶의 터전이잖아.

좋고 좋아

나에게
기쁨을 주어서
좋고 좋아.

어찌 내 마음에까지
찾아 들어와
흐뭇한 행복함을 느끼게 해주니
너무도 좋아.

이런 감정을
느낄 수 있다는 것만으로도
나는 축복을 받은 사람.

지금 그 사람의 밝은 미소 띤
얼굴만 생각해도
정말 기분이 좋고 좋아.

아이야!
이런 마음을 함께 느끼고
서로를 배려하며 살아가고 있는 사람들은
진정 사랑할 줄 알고,
사랑하고 있는 사람들이겠지.

몸, 마음, 글

몸은 가장 힘 있고,
재능을 발휘할 때 좋아들 하지만
몸이 무능해지면 좋아했던
모든 사람들이 떠나고 말아.

그렇지만 마음은 달라.
그 사람 마음에 새겨진 그 마음은
언제 어느 때나 생각나게 만들지.

그런데 글은 영원히 피어나는
아름다운 향기를 품고 있는,
영원히 지울 수 없는 마음이라고 해야 해.

왜냐하면 아이야!
언제 어느 때나
읽을 때마다
그 마음을 느끼게 하니깐.

너, 정말 멋져

정말 멋져.
말하는 것은 물론이고
마음까지도 배려하는 사람,
너는 멋진 사람.

너와 함께하는 시간 동안에
마음이 설레고
기쁜 마음만이 가득하니,
너를 좋아할 수밖에.

웃는 미소도
말하는 입술도
보고 듣는 그 자체가 기쁨이니,

아이야!
너, 정말 멋져.

알차고 작은 성공

정말 고생했어,
오직 성공할 그날을 위해
모든 것을 참고 노력하느라
정말 수고했어.

성공한 사람이야,
정말 알차고 보기가 좋아.

남부럽지 않게 살아가고
가정 안에서 서로서로 의지하며
기쁨과 행복 그리고 희망으로
살아갈 수 있는 환경으로 만들었다는 것.

정말 알차고 작은 성공이야,
"알차고 작은 성공"
진심으로 축하해.

그대는 진심으로
행복하게 살아갈 사람으로
축복을 받을 만한 사람이야.

단정하고 부지런해야

싫어,
단정하지 않은 사람.

정말 싫어,
게으른 사람.

그 모습을 상상만 해도
사귀고 싶지 않아.

단정한 사람이
자신을 잘 가꾸니깐,
자신이 해야 할 일을 잘할 수 있는 사람이 될
확률이 높고, 또한 그런 사람들이 보편적으로
부지런하게 살아가잖아.

그런 사람과 함께해야
살맛이 나지.

그러니깐 아이야!
너도 단정하고 부지런해야
너를 사랑하고 싶은 사람들이
너를 좋아하겠지.

생각을 바꿔

안 된다고
그런다면 당연히 안 되지,
자기 자신이 안 된다는데.

아이야!
그런 생각이 들 때
생각을 바꿔.
그리고 이렇게 생각해보렴,
"되고, 안 되고는 그다음의 문제이고
한번 시도는 해보아야지."라고.

자신의 마음속에 싹튼
하고자 하는 마음에 "해야 한다."라는
실천이라는 불씨만 지피면
자신이 가야 할 길을 향해 한 발 더 전진할 수 있어.

이것이 바로
보이지 않는 나의 미래를 만들어가는
첫걸음이 되거든.

살기 좋은 나라가 되려면

어린아이에게
영원히 지울 수 없는 상처를
주었는데.

그런 치한을
인간적으로 용서해야 한다고
말도 안 돼.

왜냐하면 자신을 제대로
다스리지 못하고 자신의 욕구불만을 채우려고
약하고 선한 아이에게 해를 주었는데.

관용,
말도 안 돼.

정말 살기 좋은 나라가 되려면
약하고 선한 사람들의 마음이
안전하고 평화로워야 하는데.

그래서 아이야!
이런 치한은 선량한 사회에
존재하게 해서는 안 돼,
평화로운 사회를 파괴하는 주범이잖아.

깨닫게 되면

참으로 신기해,
모를 때에는 자신이 알고 있는
지식에 한정되어

그 이상을 생각하지 못하고
고집만 부리다가도
무엇이 올바른 것인지를 깨닫게 되면

아!
감탄사가 절로 나오거든.

조금 더 많이
안다는 것,
깨닫는다는 것
……………………

자신을 점점 더 현명하게
만들어간다고 할 수 있겠지.

아이야! 그러니깐
책도 많이 읽고,
가끔 사색을 하는 것도 정말 좋겠지.

이해의 보람

아이야!
새벽 시장에서 일하는 사람들이
오늘은 좀 힘들어하네.

하는 일이
잘되지 않는 모양이야.

그들은 추운 곳에서
돈을 벌기 위해 열심히 일을 하고 있어,
그곳이 생활 터전이거든.

보는 사람도
추워.

경기가 안 좋아서 그런지
오늘은 정말 힘들어보여.

조금이라도
기쁨을 줄 수 있는,
조금이라도

힘이 될 수 있는
말 한 마디라도 해야겠어.

"아주머니, 아저씨들! 수고 많습니다."

안 된다고

나에게
안 된다고,

그렇다면
안 되겠지.

안 된다는데
할 수 없잖아.

아이야! 그 와중에도
남이 "안 된다."라고 할 때

될 수 있는 길을 찾아
나아가는 사람도 있어.

마음 기쁨

화가 나면
욱하는 감정은 결코 좋은 것이 아니야.

그 순간
조금 자제하고 조금만
깊이 생각했더라면

나에게 더 좋은 일이
될 수 있었을 텐데.

나의 잘못으로 인한
이러한 아쉬움으로 살아가면서
반성하고 또 반성하면서 살다가 보니

그래도 남들만큼 가치 있게 살았다는 것만으로도
그 반성과 노력의 결실이라고 생각하니

마음에 싹트는 것은
기쁨.

정말 예뻐

아름다운 소녀야,
거울을 보고 또 보아도
너는 정말 예뻐.

네가 너를 좋아하고
사랑하듯이
너를 바라보는 사람들도
네가 너를 바라보는 것과 같이
바라보고 있단다.

아름답고 귀여운 소녀야,
네가 거울 보고 또 보아도
정말 예쁘지.

그래,
자신을 예쁘게 바라보는
너의 그 마음이 거울이 되어
너의 그 귀엽고 순수하고 아름다운
그 모습을 보는 사람들에게
비춰준난다, 아이야.

그래서
거울 보고 활짝 웃는 너를 보면
거울도 너를 보고 "정말 예뻐."라고 하지.

당신은 위대해

선량한 사람의 마음을 읽고
변함없이 그 사람의 마음에
희망을 심어주는 당신은
위대해.

많은 사람들이
언제나 자신들의 그 어떤 목적을 위해
달콤한 말을 하고서는
결국 실망시켰지.

이제는 더 이상
속지 않아.

아이야!
세상 사람들이 보고 듣는 것이 많아
참으로 현명해졌거든.

급변화가 역전의 호기

역전하자,
지금까지 좀 못했지만
변화를 일으키자.

칠전팔기로
또 하고 또 하자,
또 뛰고 또 뛰자.

포기가 아니라
급변화하는 호기를 기회로
지금까지 다져온 능력을
최대한 창조 발휘하여 역전하자.

기회는 반드시 있어.

아이야!
급변화하는 바로
이때야.

내 마음에

아이야!
내 마음에 없는 것은
세상 사는 동안
영원히 얻을 수 없어.

마음은
그 사람의 보물 창고거든.

그대는 누구인가

하기는 해야 하는데
남이 싫어한다고 안 하고,
남이 하지 말라고 한다고 안 하고.

그래서
자신도 긴가민가하기도 하고
좀 하기 싫은 마음도 있고 해서
얼씨구 좋다고, 잘되었다고
안 해버리는 어리석고, 우둔하고,
게으르고, 책임 전가하기를 좋아하는
아이야!

그대는
누구인가?

심술아

심술아! 심술아!
왜 마음 가운데에서 떠나지 않고
자리 잡고 앉아서 자꾸 심술부리니,
그리고 아주 작은 것에 집착하게 하여
더 풍요롭고, 더 아름다운 세상을
바라보지 못하게 마음을 심술로 가득 채우니.

심술아!
나는 네가 정말 싫어.
그런데도 떠나지 않고 붙어 있는 이유는
무엇이니.

아이야!
"그 이유는 무엇인지 아니,
네가 나를 버리지 않고 잡고 있기 때문이지."
"너의 마음을 한번 세심하게 느껴보렴.
너의 마음을 네가 그렇게 만들고 있다는 것을
스스로 깨닫지 못한다면 너는 언제나 그렇게 심술부리면서
살아가야 할 그런 사람밖에 되지 않아."라고
그 심술이 말해주고 있잖아.

즐겁게 공부하고 놀자

정말 잘 살아보고 싶니.
그렇다면 즐겁게 열심히
공부하고, 연구하고, 만들어보렴.
비록 지금 능력은 조금 뒤떨어져 있다고 하더라도
그 마음으로 열정적으로 하다가 보면
네가 생각하지 못한 그 결과로 스스로 감동을
하게 될 거야.

노는 것도 그렇지,
즐겁게 잘 놀다 보면 그 즐거움으로 스트레스도 풀리고
공부하는 것도 더 즐겁게 되고, 공부의 능률이 예상외로
더 많이 오르게 되거든.

몸과 마음이 하나 되어
최선을 다하는데 당연히 좋은 결실을
맺게 된다는 것은 평범한 진리이자 사실이거든.

아이야!
즐겁게 공부하고
즐겁게 놀자, 아자~

드라마와 현실

그대는 누구인가.
남의 세상에서 깨어나라,
드라마는 언제나 드라마일 뿐.

너무 심취하면
생각하고 말하는 것까지
드라마야.

그런데 옆에 있는 사람은
그렇지 않고 현실이거든.

해주겠지

"설마 해주겠지."라고
너무 기대하지 마.

자기 일이 아니면 누구나
그렇게 깊이 관심이 없어.

오히려
잘 안되었을 때
표현은 안 하겠지만
내심으로는 좋아할지도 몰라.

아이야!
사람의 속마음은
어쩔 수 없어.

욕심이라는 속성을 가지고 있는
사람이니깐.

사랑에 빠져 있나 봐

참으로
이상해.

조금 전까지도
금방 헤어질 것 같이
다투었는데,

금방
서로 마주 보며
웃을 수 있다니,

이상해도
너무 이상해.

그래도
또 보고 싶어 해.

상식적으로 볼 때
정상적인 사람이라고 할 수 없어.

아이야!
마음 깊은 곳에서는
서로 사랑에 빠져 있나 봐.

명언과 같은 좋은 글

어려울 때일수록
명언과 같은 좋은 글을
마음의 중심에 가지고 있으면
세상 그 어떠한 풍파라도 견디고
이겨낼 수 있어.

마음의 중심에 그 좋은 글을 생각하고 있는 한
결코 자신의 가야 할 길을 포기하지 않을 뿐만 아니라
그 집념에서 그 상황에 대처할 지혜, 지식, 명철함으로
해결해 나가거든.

아이야!
너를 바라보는
너와 함께하는 모든 사람들이
너를 따라
한마음으로 함께할 테니깐.

정말 멋진
파이팅이잖아.

돌고 도는 인생

돌고 도는
인생.

어제도 그렇게 살았고,
오늘도 그렇게 살고 있으니,
내일도 그렇게 살겠지.

타고난 것을
어떻게 하겠소.

그 와중에도
변화, 창조하는 자가 있으니
그 사람으로 인해
새로운 세상이 만들어지고,
또다시
그 세상 안에서 돌고 도는 인생.

아이야! 그렇게 해서
오늘 우리들이 살아가고 있으니
변화, 창조하는 자가 아니면
현실을 마음껏 즐기며 사는 것이
나름대로 가장 잘 사는 방법이겠지.

그날을 맞이하기 위해서

그날은 반드시 오거든,
그날이 지나고 나면
한평생 그런 날은 오지 않을 거야.

대부분의 사람들은
그날을 그냥 흘려 버려.

말 그대로 평범하게
사는 거겠지.

그날을 맞이하기 위해
신념도 대단하고,
끈기도 대단하고,
포기가 없는 사람.

정말 존경할 만해,
그 사람들이
지금의 세상을 만들었거든.

아이야!
앞으로 우리의 미래도
그 사람들이 만들겠지.

기회를 놓치고 나면

이제는 더 이상 물러날 데가 없어
앞으로 나아가야 해,
마음을 굳게 다지고
강하고 담대함으로.

지금이 기회야,
어려울 때 헤쳐 나가는 그 능력과 힘,
창조하고 개혁하고 변화하고 잘못된 것은
고쳐야 하고 그리고 또 다른 마음의 자세로
앞으로 나아갈 때 기회가 온다는 것을
명심하고 또 명심하면서 그렇게 살아가야 해.

기회를 놓치고 나면
남는 것은 자기 자신의 비참함이겠지.
변명하고 남을 탓하는 비굴한 사람이 되어버리겠지.

아이야!
이제는 더 이상 비굴한 자의 말에
귀를 기울여서는 안 돼.

예쁘게 멋지게 살자

얼마나 예뻐,
순수하고 천진난만하게
재롱부리는 아이의 모습.

그 예쁨대로
예쁘게 살면 얼마나 예쁠까?

남자라고 나름대로
과시하려고 하는 멋,
그 남자 어린아이가 보여 주고자 하는
그 정의로움에 넘치는 모습.

그 용기로
멋지게 살아간다면
행복해하는 사람들이 얼마나
많아질까?

한 번 살다 가는 인생
여자야, 평생 예쁘게 살자,
남자야, 한 인생 멋지게 살자.

말해볼 만하잖아

하고 싶은데
아무리 생각을 많이 한다고 해도
하지 못한다면 참으로 어리석은 일,
차라리 생각하지 않았다면 마음이라도
편했을 텐데.

인생은 절대로 기다려 주지 않아,
좋아하는 사람이 있다면 그 사람도
그렇게 생각하고 있는지를 한 번 정도 좋아한다고
말해볼 만하잖아.

자신이 하고 싶은 일이 있다면
그 일을 지금 하지 않는다면 또한 남는 것은
후회뿐이지.

빤히 보이는 인생,
할 수 있을 때 그 일을 하면 되는데
왜 하지 않으면서 마음만 아파하지?

아이야!
참으로 우유부단한 사람이지.

귀한 사람들 중 한 사람

말하지 않으면
정말 바보인 줄 알아.

이래도 되고, 저래도 되는 사람
한번 생각해보렴, 이러한 사람을
다른 사람들이 어떻게 대할까?

할 말은 해야 해,
화를 내가면서라도.

그렇게 말을 하고 나면 좋은 점은
자신의 마음이 시원해지고,
상대방의 정확한 의중을 알 수 있다는 것이지.

아이야!
어떠한 일이라도 겁먹지 말고
담대하게 자신감 있게 할 말을 꼭 하고 살아가렴.

너는 그 누구도 대신할 수 없을 뿐만 아니라
그 누구로부터 비인격적인 대우를 받아야 할 이유도 없는
너무도 귀한 사람들 중 한 사람이야.

미안, 미안, 미안

마음은 그렇지 않는데
인연이 되지 않는 것 같아.

보고 싶어도 보지 못하는 애탐,
오히려 더욱더 애타는 것은
너의 마음인데.

그 무슨 말로 위로가
가능할지?

그저 마음만이라도
네가 더 자유롭고 행복해지기를
간절히……

아이야!
미안, 미안, 미안.

즐김의 행복

아이야!
어렵고 힘들어도
그 자체를 즐기자,
그렇게 해서 좀 부족하더라도
행복하게 살자.

나를 행복하게 할 수 있는 사람은
오직 내 자신일 뿐이니,
그렇게 살자, 즐겁게 그리고
희망을 꿈꾸며.

그렇게 즐기며
그렇게 나름의 행복함으로
즐김의 기쁨으로 살자.

변화는 내 안에서

심적 능력은
얼마큼 좋은 격언, 진리 등을
반복해서 그 의미를 마음에
얼마나 깊이 새기며 살아보았느냐에 따라
지혜적, 심적 능력이 달라져.

아이야!
진정 자신의 변화는
바로 내 안에서 시작이 되잖아.

반갑다 파리야

아무리 생각해보아도
내 자신이 무능력한 것 같아
지금까지 참으로 외로웠어,
반갑다 파리야.

네가 날아다니는 모습만 보아도
나는 살아 있는 것 같아.

네가 아무런 말을 하지 않아도
네가 가만히 앉아 손을 비비고 있는 모습만 보아도
절로 즐거워지거든.

아마 너의 그 모습을 보며
내 자신도 모르게 이렇게 생각하는 것 같아,
"그래, 움직이는 것이 살아 있는 거야."

너의 움직이는 모습을 보고
무의식적으로 나도 모르게 마음이 움직이고
살아 움직이는 기쁨을 느끼는 것을 보면
나도 아직은 살아 있는 모양이야,
파리야 고마워.

외로움

보고 싶어
기다리는데

기다려도
나에게 오는 것은
메아리도 없는 외로움.

보고 싶다고
정말 보고 싶다고
꼭 들어보라고
큰 소리로 불러보고 싶은데.

관심이 있는 것인지
전혀 감을 느낄 수 없어.

나 홀로
슬프고 슬퍼.

분위기가 달라

역시
분위기가 달라.

자연의 웅장함에
매료됨.

마음이 탁 트이고
마음속 깊이 자연이 됨.

자연이 내가 되고
내가 자연이 됨.

자연 향기가 좋고,
자연의 가을 색상이 형형색색 변화무쌍하여
보는 곳마다 다름.

자연 그대로
아름다움.

보고 또 보아도
감동
또 감동.

끝까지

가자,
끝까지.

가다가
가지 아니하면

처음부터
가지 아니한 것보다 못하니,

아무리 힘들고 어려워도
끝까지 가자.

실패했다고, 성공했다고
끝난 것이 아니니
생의 마지막 순간까지
가봐야지.

아이야!
가보지 않고서, 느껴보지 않고서
어떻게 그 순간의 생생함을
맛볼 수 있겠어.

피할 때에는 피해야 해

아무리 힘이 있다고
힘이 더 많은 사람에게 정면충돌하면
죽는 것은 더 약한 사람이잖아.

그러니깐
피할 때에는 피해야 해.

너무 자신을 믿고
무모한 행동을 하게 되면
후회하는 것은 결국 자신이지.

아이야!
무엇이 지혜로운 사람이지,
피해야 할 때를 알고
피할 줄 아는 사람이잖아.

보물 중 보물

좋아하지 않는데,
사이좋게 산다는 것은
불가능한 일.

어쩔 수 없이
살기는 살겠지만.

그래서
사랑하는 사람과
사랑해주는 사람과 함께
할 수 있다면

당연히 어떠한 것이라도
감수해야 하겠지.

사랑하며 사는
그 기쁨과 행복은
수억만 금이 있어도 살 수 없는
인생의 보물 중 보물
최고의 보물이잖아

기쁨이야

한 아이를 잉태할 수 있다는 것은
기쁨이야.

사람들이 말하기를
사랑의 결실이라고도 하지.
그렇지만 한 남자로, 여자로 태어나
아이의 아버지, 어머니가 될 수 있다는 것은
생명의 최고의 축복이기도 해.

아이야!
그래서, 목숨을 걸고
그 축복을 지키고, 빛나게 해야 하는 것은
당연히 아버지, 어머니의 몫이겠지.

생명의 숲이 되고 싶어

아이들이 힘들어할 때
마음 편히 쉴 수 있는 숲과 같은
신산(新山)이 되고 싶어.

아무런 말은 하지 않지만
내 곁에 머무는 동안 세상 근심을 다 잊어버리고
행복해하는 아이들이 되게 하는 숲이 우거진
신산(新山)이 되고 싶어.

내가 죽어서도 내 책을 읽으면
삶의 지혜를 얻어 다시 힘내어
홍익의 대한 사람으로 살아가게 하는

영원한 생명수가 넘치는
생명의 숲이 되고 싶어.

제3부

나를~

아이야!
잘못된 것을 바르게 알고
나를 더욱더 풍부한 지식으로
지혜롭고, 명철하게
그리고 담대하게 만들어간다면
반드시 그날이 올 거야.

나를 모르는데

나를
모르는데

잘할 수
있겠어.

내가 어떻게 해야
잘할 수 있는지를 깨달아야
길이 보인다고.

내가 어떻게 해야
승리할 수 있는지를
깨닫기 시작했다면

그때부터
변화가 시작되기 시작해.

아이야,
나를 전혀 깨닫지 못하는데
언제나 제자리 될 수밖에.

내 인생인데

피할 수 없는 현실이라면
받아들이고 이겨서 나아가야지,
나를 만들어갈 내 인생인데.

할 수 있는 데까지
하는 것이 아니라

살아서
될 때까지 해야 해,
내 인생인데.

죽는 시기는
나는 모르지만
언젠가는 오게 되어 있는데
두려울 것 없어.

아이야!
두려워해야 할 것은
내가 해야 할 일을 하지 못하고
포기해버리는 것이잖아,
나를 위한 내 인생인데.

알파고의 시대

알파고의 시대,

세상의 모든 지식이
휴대폰에 내장되어 있는 시대,

풍부한 지식을 활용하여
자신을 유익하게 할 수 있는
생각하는 지혜만 있다면

세상을
풍요롭게 살아갈 수 있어.

생각할 수 있는 그 지혜가
그냥 만들어지는 것이 아니야.

그 지혜가 나의 생각이 되고
선택의 능력이 되었을 때
그 힘을 발휘하거든.

아이야!
생각하는 그 지혜가 무엇으로
만들어질까?

좋아하고 좋아해야지

말하는 것을 듣기만 해도
마음이 흐뭇해,
아직 사랑하고 있나 봐.

아무리 싫은 소리 해도
싫은 소리로 들리지 않는 것을 보면
내 마음속에 아직도 사랑하는 사람으로
기억되어 있나 봐.

아이야!
사랑한다는 것,
어떠한 상황에서도
사랑해야 할 사람을
아름답게 바라보게 하는 모양이야.

그래, 항상 나를
사랑하는 사람으로 만들어
나를 좋아하고 좋아하도록 해야겠지,
사랑하고 또 사랑하도록 해야겠지.

나의 목소리

나의 목소리를 내지 못하고
다른 목소리를 흉내를 내는
앵무새가 되면 안 돼.

남들이 처음에는 호기심으로
조금 관심을 보일지는 모르지만
금방 싫증을 느껴.

앵무새는
말 그대로 앵무새야.

그러니깐
나를 나의 개성이 듬뿍 담긴
나의 목소리로 만들어 마음껏 내보렴.

아이야!
어쩌면 어느 날 세상 모든 사람들이
듣고 싶어 하는 목소리가
되어 있을지도 몰라.

마음 행복

생각만 해도
나의 마음을 행복하게 해주는 사람.

바라만 보아도
절로 나를 기쁘게 하는 사람.

이러한 사람과 함께하며
살아가는 것처럼
이 세상에서 행복과 기쁨을
주는 것은 없을 것 같아.

아이야!
지금 이 순간
나를 기쁘고 행복하게 해주는
그 사람과 함께하고 있으니깐,

나의 마음은
행복해.

꼭 해보기를

아이야,
하고 싶은 일이 있다면
한번
꼭 해보기를.

반드시
얻는 것이 있어,
잘했든 잘못했든

그다음에는
더 좋은 생각, 깨달음으로
보이지 않는
미래의 아름다운 결실을 향해
나아가게 될 거야.

그날은
꿈일까?

아니야,
그날은 현실이지.

첫인상

아이야!
처음에 볼 수 있는 것은
선한 사람이든 악한 사람이든
눈에 보이는 그 모습,
좋아 보이면 좋은 사람이고,
싫어 보이면 좋지 않은 사람이라고 하지.

그런데 문제는
사기꾼, 변덕쟁이 등 이러한 문제 있는 사람들이
오히려 더 좋은 모습을 보이거든
자신의 목적을 달성하기 위해서는
그 사람의 마음을 빼앗아야 하잖아.

첫인상이 좋다고
그 속성은 알 수 없으니깐
그 진실을 알 때까지는
조심, 조심, 조심해야 하겠지.

해야 할 말을 하면서

해야 할 말을 하지 않으면
결국 피해 보는 것은 자신이지.

왜냐하면
자신을 정확하게 상대방에게
말하지 않았으니깐, 상대방은 자신이
생각하고 있는 그대로 말을 할 수밖에 없지.

그래 놓고
상대방의 잘잘못을 탓하는 것처럼
어리석은 일은 없어.
해야 할 말을 하지 않고서
상대방이 어떻게 그 생각을 받아들이고
서로에게 좋은 방향으로 말하며 행동할 수 있겠니.

아이야!
자신의 마음과 생각을 진실하게 전달하지 않으면
상대방의 진실한 모습을 결코 볼 수 없어.

좀 부족한 것이 있다 하더라도 아이야!
언제나 자신감을 가지고 해야 할 말을 하면서
살아가야겠지.

겁먹지 마

잘못한 것이 없으면
겁먹지 마.

나를 당당하게 하자고
돈이 많고 적고
직위가 높고 낮고 떠나서,

비록 이기적인 주변 사람들
눈치를 보지 말고 담대해야 해.

아이야!
비겁해지거나 약해지면
진실을 영원히 밝히지 못해.

좀 수치스러운 일을 당하면 어때,
진실이 밝혀지는 그 순간
모든 거짓된 것들이 사라지게 되어 있어.

용기를 내서 진실을 밝혀,
절대로 물러나지 말고.

아이야!
파이팅!

시간이 필요해

눈물을 흘린다고
슬픔이 곧 사라지지는 않아.

일이 잘되지 않는다고 안달해도
일이 금방 풀리지는 않아.

사랑하고 싶은 사람의 마음을 얻으려면
좋아한다고 해서
그 사람이 좋아하리라는 생각은
착각에 불과해.

아이야!
세상 어떠한 일이라도
그렇게 되기까지
시간이 필요해.

그렇게 되기를 기다리고
노력하며 기다려봐.

하게 하자, 하자, 하자

싫어도 해야 해,
반드시
해야 할 일이니깐.

하다가 보면
더 좋아지게 될 거야.

싫다고
하지 않는다면
좋아질 그날이 점점 멀어져.

그때서야
후회해본들
이미 지나가버린 뒤인데.

아이야!
싫어도
나를 하게 하자, 하자, 하자.

그래야
좋은 끝이 있어.

배려와 사랑으로만

참는 것도
한계가 있어.

서로를 배려하는 경우에는
내 자신도 자연스럽게 양보하지만

돈 욕심으로, 권력으로, 직위로
억압하려고 하면 할수록
커져가는 것은 반감이잖아.

사람은
끊임없는 배려와 사랑으로만
진정한 감동과 함께 존경심이
나타나거든.

아이야!
사람들과 어울려 즐겁고, 보람 있게 살려면
나를 언제나 배려하고, 사랑하는 사람으로
만들어가야겠지.

좋아하는 것이 있으면

좋아하면 좋아지는 것이 있어,
마음과 열정이지.

좋아하는 한
하고 싶은 일에 미칠 수 있어.
그리고 세월이 흐르면 말할 수 있지.

정말 너무 좋아서 열심히 해보니깐
오늘의 영광을 얻게 되었다고.

그리고
하나하나 경험을 하면서
깨닫는 것이 있어,
나의 미숙했던 생각들이지.

아이야!
좋아하는 것이 있으면
정말 열심히 해보렴.

그것이 삶의 기쁨이고 행복이고
또한 미래의 나를 가장 아름답게 해주는
삶이 될 거야.

왜 화를 내지

조금이라도
관심을 가질 줄 알았는데,
아무런 반응도 없어서
화가 나.

왜,
무관심할까?

그거야,
명철하게 생각을 해보면 알 수 있어,
관심을 가지고 싶지 않기
때문이겠지.

아이야!
괜히 혼자서 안달해본들
자신의 감정일 뿐.

당연한 일인데
그런데
왜 화를 내지.

최소한 나를

나를
최소한 지킬 수 있는
능력은 항상 있어야 해.

어느 순간에
어떻게 당할지 몰라.
당하고 나서 그 순간에 후회해도
이미 때늦어.

제대로 준비하지 못한 죄,
지난 역사의 참혹상
오늘 살아가는 사람들은
모두 잊고 살아가지만

아이야!
그 시절의 사람들은
얼마나 원망하고, 통곡했는지.

가만히 뒤돌아보면서
나에게 지금 그런 현실이라면

나는 어떤 감정일까 하고 생각하는 순간
느끼는 것은
소름 그 자체.

더 이상 울지 마

아이야!
마음이 아프지 그래 마음껏 울어보렴,
답답함이 확 날아가 버릴 때까지.

그리고 더 이상 울지 마,
살아가야 할 날이
아직도 너무 많이 남아 있잖아.

그리고 사랑해야 할 일도
너무도 많이 남아 있어.

어쩌면 오늘의 슬픔이
내일의 희망과 사랑의 기쁨을
미리 말해주고 있는지도 모르지.

세상의 삶이
아무리 어렵고 힘들어도
살아 있는 동안
단 하나라도 그대를
기쁘게 해주는 것이 있다면

그것을 포기하면 절대로 안 된다는 것,
알고 있지.

아이야, 힘내자.

예언

깊이
보면 볼수록

보이는 것은
예언.

사람의 속마음을
한 치도 모르지만

그래도
그 사람의 말과 행동을 보고
언젠가는 어떠한 말과 행동을
할 것인가를 예상할 수 있어.

그래서
사람이야.

새로운 기회

사람마다 살아가면서
새로운 기회가 있어.

이 기회에
어떠한 어려움도 극복하리라는
자신감으로 뛰어들 때
새로운 삶의 환경을 만들 수 있겠지.

그렇게 도전하지 못하고
주춤거리다 보면
그 기회는 지나가버려.

아이야!
그것이 기회임을 알고
용기 있게 도전하느냐는
자기 자신의 몫이잖아.

감사해, 사랑해

고마워,
많이 배려해주어서.

정말 고마워,
언제나 보이지 않게
나를 생각해 주어서.

감사해,
무엇인가 부족한 나를 사랑해주어서.

정말 감사해,
언제나 나를 이해하고 사랑해주어서
그 사랑 때문에 어쩌면 더 너를 사랑하고 있어.

아무튼 고마워,
무엇이라고 말할 수 없지만
내 마음속에는
언제나 너에 대한 감사와 사랑이 가득해.

너를 만난 것은
나의 인생에 있어서 최고의 축복이야.

아이야!
감사해, 사랑해.

겁먹게 하지 마

나를 너무
겁먹게 하지 마.

그럴수록
소심해지고
점점 무기력해져.

그렇게 될수록
두려움의 노예가 되어 살아갈 수밖에 없는
사람이 되어버린다고.

아이야!
어떠한 상황에서도
겁먹지 마, 담대해야 해.

반드시 기회가 있어,
그만한 힘과 지혜와 능력이 만들어질 때까지
참고 또 참고 견디다 보면
역전할 수 있는 그 시기가 와.

뚫고 나가는 힘

누가 앞으로 나아갈 길을
개척하느냐가 관건.

많은 사람들은 말은 잘하는데
해야 할 때에는 현실적 자기 생각에 빠져
그 이상을 생각하지 않으려고 해.

그러니깐
모두가 이기적이고
자기 안에 갇혀 다툼만 잘하지.

아이야!
이것을 인내와 지혜로 뚫고 나아가는
지혜, 지식, 그리고 명철함으로
담대하게 행하는 그 힘이 있는 사람이 있다면
바로 그 사람이 그 시대의 영웅이자
위인이 되겠지.

도박

말 그대로 도박,
한 번이면 된다고 확률은 언제나 제로.

가능성은 없다고
보아야 하는데.

나를 몽상적 기대감에 빠지게 해
오늘이라는 현실을 잊어버리는
도박꾼.

자신뿐만 아니라
자신의 주변의 모든 것들도 포기해버리는
도박꾼.

마지막 가야 할 곳은
외로운 방랑과 죽음뿐.

그래서 도박 중독은
스스로 인간답게 살기를 포기한 사람으로
만들어버려.

아이야!
정말 나를
도박에 빠지게 하면 안 되겠지.

사랑의 꽃보다는

꽃 그 자체가
아름다워.

빨강, 노랑, 파랑, 주황
나름대로 아름다움을
마음껏 뽐내.

보면 볼수록
꽃 하나하나
어느 꽃 하나 아름답지
않은 것은 없어.

그러나 아무리 아름다워도
사람의 마음에 피어난
사랑의 꽃보다는 아름다울 수 없어.

아이야!
이 마음이 없다면
세상 아름다움을 바라보고도
그 아름다움을
느끼지 못하거든.

씨를 뿌리는 이유는

씨를 뿌리면
반드시 그 씨의 모습이
나타나잖아.

씨를 뿌리는 이유는
소망하고 있는 그 무엇이
반드시 열리기 때문이지.

지금 당장은
보이지는 않지만.

아이야! 지금도
사람들은 자신인 나를 위해
마음의 씨를 뿌리고 있잖아.

지금은 보이지는 않지만
반드시 그 열매가 열릴 거야.

그 자체가
진리의 결실이고,
자연의 법칙이며
생명의 이치이지.

선택은 내가

휴대폰 또는 메시지들,
일일이 다 확인하겠다고
휴대폰을 사용한다면

결국 허비되는 것은
자신의 시간이고,
쌓여가는 것은
신경 스트레스야.

현대인으로서 지혜롭게
살아가는 방법,
스스로 선택해서 하는 것이니깐
많은 지혜를 쌓아야 하겠지.

아이야!
할 것인가, 말 것인가
이제 선택은 내가.

이제는 끝

이제는
멈추어야 해.

잘못도
반복될수록
중독성이 있어.

자꾸만
스스로 합리화하고,
어쩔 수 없는 일이라고
스스로 위로하려고 해.

아이야!
더 이상 아니라는 것을
느낄 때 그만해야 해.

이제는
끝.

그래야 그때부터
미래의 새 삶을 바라보며
살아갈 수 있어.

오늘 너와 나, 우리

가야 할 길을 가야
희망이 보이지.

함께 같은 마음으로
앞으로 나아가야
아이들이 마음껏 뛰놀 수 있는
세상에 살 수 있어.

그 세상을
만들 수 있는 사람은,
만들어갈 수 있는 사람은
오늘 살아가는 우리.

우리의 끊임없는 노력과 창조가
내일의 희망을 꿈꾸게 하고,

그 희망의 나라에
우리 아이들이 살아가게 하겠지.

오늘
너와 나, 우리.

똑똑하다고

똑똑하다고
남들은 그렇게 인정하지 않는데.

오히려
자칭 자기만 똑똑하지
사람들의 마음을 읽지 못하잖아.

그리고 남을
배려하지 못하는 것뿐만 아니라
이기적이고 그리고 자신의 욕심을 채우기 위해
기본적인 양심조차 버렸잖아.

아이야!
좋아하지 못하는 이유가
바로 이것 때문이거든.

중독

감정 때문에
달콤한 말에 유혹되지 마.

마약이
왜 무섭지?

중독되는 순간부터
순수하고 바른 자신의 마음과 생각을
영원히 찾을 수 없잖아.

바보야

잘못되었다면
고쳐야 해.

서로의 잘못을 탓하고
있는 것처럼

어리석고
바보 같은 일이 또 있을까?

바보야,
혼자 원망하고, 남 탓하고
화가 나 분노하면 할수록

되는 일이라고는
자기 자신도 점점 더
잘못된 늪으로 빠져
들어가서는

결국 자신도
그렇고 그런 사람이
되어버린다는 것을 알고 있니,
바보야.

마음과 생각이 가벼워지면

가끔 매스컴을 통해 들어보면
말이 너무 가벼워져
생각하는 것도, 마음도 가벼워지는
경향이 나타나는 것 같아.

바람이 불면
바람 부는 대로 날아가는 낙엽처럼
말하는 것, 생각하는 것이 너무 가벼워.
그 마음은 또한 어떠할까?

세상 풍파를 이겨내야만
자신의 인생을 찾아갈 수 있는데
마음과 생각이 가벼워지면 질수록
말도 가벼워지고,
삶의 의지는 점점 더 사라지고,
가벼운 충격에도 쉽게 자신을 포기해버리는
어리석은 생각을 하게 되거든.

아니면 아이야!
막가는 사람이 되어버리잖아.

바로 나야

남을 바꾸려고 하지 마,
절대로 안 바뀌어.

그렇게 되기보다
오히려 반작용 현상이 일어나
더 싫어하게 된다니깐.

아이야!
그 사람들이 나를 바라보고
감동받고 따라오도록

바뀌어야 할 사람은
바로 나야.

세상은 변해

항상 이길 수는 없어,
강자 위에 강자가 있더라고.

그렇게 세월이 흐르고,
세상이 변화해 왔잖아.

오늘도
그 일등을 꿈꾸며 사는 사람들이
참으로 많아.

결국은
승자이었다가 패자가 되어버리는
인생사.

그래서
찾아냈어.

어떠한 환경에서도
기쁘게 할 수 있는 나를,

어떠한 상황에서도
감사하는 나를.

얼굴 미소

힘들어도 웃어야 해,
슬퍼도 웃어야 해,
답답하고 절망적이라도 웃어야 해.

왜냐하면
그렇게 할 때만이
어떠한 역경에서도
나의 마음이 활짝 웃을 수 있는
여유를 찾게 되거든.

아이야!
얼굴에 나타나는 미소,
바로 그 웃음 때문에

마음에
삶의 용기가 다시
일어나.

미래의 나

나를 무시하는 말과 행동,
나는 기분이 안 좋아.

듣고 보는 순간부터
불쾌해서
더 이상 말하고 싶지 않아.

여기서
분명히 해야 할 것이 있어.
어떠한 상황에서라도
나를 위해서는 나의 미래를 생각하고,
말하고, 행동해야 한다는 것이고

그 누구도
그 어떠한 것도
미래의 나를 대신해줄 수
없다는 거야.

아이야!
나를 위한 사람은
나니깐.

내 집에 도둑놈이 들어온다는데

내 집에 도둑놈이 들어온다는데
목숨 걸고 지켜야지.

지금까지는
알뜰살뜰 노력해서 만든
나의 가정인데

단 한 순간에
아주 나쁜 도둑놈의 밥이 되어서는
아니 되지.

내 것을 지킬 수 있는 사람은
오직 나이므로
항상 준비해야 해.

도둑놈을 잡을 수 있는
그 능력을 스스로 만들어놔야지.

그래야, 아이야!
도둑놈도 그것을 알고
함부로 하지 못하지.

내 꿈을 찾아

내가 이 세상에 존재해 있으니깐,
내가 나를 찾아내어 열정적으로
나의 꿈을 향해 나아가게 하는 것처럼
나의 존재를 내가 진정 사랑하며
살아가는 멋진 인생이 또 있을까?

나를 스스로
즐겁게 하고, 행복하게 하지 못하면
그 인생은 언제나 불안하고 초조할 뿐.

그래 맞아, 아이야!
잘하든 못하든 내가 나의 꿈을 찾아
하루하루 나의 모든 열정을 다하며
살아가고 있다는 그 사실만 하더라도
진정 나를 행복하게 해주는 것은
없는 것 같아.

아직도

나를 아름답게 해주고,
나를 더욱 나답게 해주고,
나를 진정 행복하게 해주고
그리고 나를 가치 있게 살아가게 해주는 것.

아이야!
한번
고민해 보았니?

한 가지 분명한 것은
모든 사람들이 자신의 이름을
가지고 있다는 것이고,
그 이름이 바로 자신이라는 것이지.

그런데 왜
아직도 그 무엇에 구속되어
자신의 이름대로 살아가지 못하고
그렇게 살아가니?

멋진 인생

나를 가장 아름답게
사랑할 수 있는 사람은
바로 나야.

나를 병들게 하지 마,
그것은 나를 버리는 것과 같아
나를 스스로 버리지 마,
한번 생각해보렴,
그것만큼 자신을 불행하게 만든 것은
없을 거야.

반대로 말하면, 아이야!
자신의 잘못을 스스로 포용하면서
자신의 성숙된 인생을 찾아
행복하게 살아간다는 것처럼
가치 있고, 멋진 인생은 없을 거야.

빨리 버려

불행해지고
싶지 않다면

잘못된 생각을
빨리 버려.

그 생각에 집착하다 보면
결국 나를 그 잘못된 결과에
빠져들게 해.

뒤돌아서서 후회해본들
때늦은 뒤일 뿐.

어떠한 일이든
나의 인생인데,

선택은
내가 할 수밖에.

좋은 책 한 번 더 꼭 읽어야지

머리를 맑게 해주는 최고의 보약은
좋은 책이야.

머리가 답답하고 혼잡스러울 때
좋은 책을 꼭 읽어보렴,
생각하지 못했던 자신을 좀 더
지혜롭게 해주는 지식을 얻게 될 거야.

좋은 책을 수시로 읽어보지 않고서는
현재의 자신의 삶을 벗어나지 못하고
그저 그렇게 살아가는 사람밖에
되지 못해.

오늘보다 좀 더 지혜롭고 용기 있게
살아가고자 한다면

아이야!
반드시 해야 해, 시간을 내서라도
나를 지혜롭고, 현명하고, 명철하면서도
담대한 사람으로 만들어 주는 좋은 책을
한 번 더 꼭 읽어야지.

제4부
우리는 KOREAN~

아이야!
KOREA는 나의 영혼이자
영원한 나의 안식처이잖아.
KOREA 없는 세상은
역사상에 존재했었지만 사라져버린
종족과 같은 것이 되겠지.

그래 너와 나, 우리는
영원히 KOREAN이야.

우리는 KOREAN

서기전 3000~3500년경 단웅 시대에서
단군 시대에 창조된 국조 단군께서
널리 인간 세계를 이롭게 하라는 홍익인간이라는
건국 이념을 만들었으니 2017년을
기준할 때 단기 4350년이야,
그래서 나는 홍익인간.

아이야!
우리의 조상들이 얼마나 대단한지 알겠지,
그러나 조선 시대의 사색 당파와 폐쇄 정치가
오늘의 역사를 만들었다는 것은
부정할 수 없는 사실이란다.

그래도 우리의 내면 깊은 곳에
조상의 얼인 홍익인간의 혼이
숨을 쉬고 있었기 때문에

그 어려운 역사를 겪으면서도
노력하고 또 노력해서 오늘과 같은 세상에
지금 우리는 미래의 번영을 꿈꾸는 KOREAN으로
살 수 있게 되었다고 할 수 있겠지.

함께할 수밖에 없는 사이

우리는
영원히 함께해야 할 사이.
우리가 태어나기 전부터
한 민족이었고, 태어나서도
한 민족임을 부정할 수 없는 현실이지.

우리가 존재하지 않을 먼 훗날에는
우리의 후손들이 서로 함께하며 살아가리라는
희망의 꿈을 꾸는 이유는 바로 이것 때문이야.

아이야,
우리는 민족적, 국가적 운명을 함께할 수밖에 없는
함께해야 할 사이라는 것을 잊어서는 안 돼.

참으로 신기하잖아,
KOREA를 바라보며 느끼는 감정,
독도를 바라보는 감정
································
북과 남, 남과 북은 KOREA라는 이름으로 하나 됨을
세상 사람들이 모두 알고 있듯이
우리는 단군의 후손으로 운명적으로
영원히 함께할 수밖에 없는 사이.

조상의 본향

뼈를 영원히 묻고
죽어서도 살아갈 KOREA 땅,
조상들이 살아온
우리의 본향인 대한의 땅.

우리의 뼈가 되고 살이 되는
우리의 호랑이 형상을 한 본향.

아버지, 어머니가 살고
뼈를 묻는 곳,
언제 어느 곳에 가더라도
조상의 향수가 넘쳐나는 곳.

그 향수를 지키고 더 아름답게
우리가 살아갈 수 있게 할 수 있는 사람들은
바로 단군의 후손이자 대한 민족의 아들, 딸인
너와 나 KOREAN인 우리지.

가자, 가자, 가자

더 이상 물러날 곳이 없어,
이제는 살든가, 죽든가 두 길 중 하나밖에 없어.
KOREA가 두 개로 갈라진 지 어언 몇 년인가?

이제는 더 이상 남의 눈치를 보고 있을 때가 아니야.
더욱더 멀어지기 전에 이제는 어떠한 이유보다
하나가 되어야 하는 이유가 더 중요한 것이기 때문에
서로 모든 것을 다 양보하더라도 하나가 되어야 해.

우리들이 다투고 또 다투게 될 때에는
두 번 다시 하나가 되는 역사적 기회는
영원히 없을 수도 있어.

지구 상에 존재했다가 사라진 종족들을 생각해보면
깨달을 수가 있을 거야.

북과 남, 대한의 아이야!
가자, 가자, 가자.

이제 모든 것을 내려놓고
오직 함께 하나 되어 잘 살기 위한 생각과 노력으로
서로 양보하고 손잡고 가자, 가자, 가자.

이번 기회를 놓치면 두 번 다시 남과 북 그 누구도
잘 살 수 없는 불행한 종족이 될 뿐이야.

우리 큰소리치며 살자

북과 남의 아이야!
함께 잘 살아보자,
함께 큰소리치고 살자.

우리가 아니면 누가 우리를
그렇게 살게 할 수 있을까?

뭉치자, 힘들어도 가자,
더 이상 다투지 말자,
버릴 것은 버리고 함께 손잡고 가자.

더 이상 말하지 말자,
하나 된 KOREA로 함께 큰소리치며
살 수 있는 그날까지.

우리는 준비되어 있으니
6 · 25부터 지금까지
서로 다르게 살아갈 수밖에 없었던
지난날을 기억하면서.

남과 북의 아이야!
이제는 KOREA로 하나 되어
노력하자, 함께 잘 살아보자,
함께 큰소리치며 살자.

삼팔선이 무지개 되어

그 지난 잘못된 역사의 증거로
우리를 북과 남, 남과 북으로
갈라놓고 있는 삼팔선.

사랑하는 북과 남, 남과 북의 아이들아!
지난 역사의 잘못을 되풀이하여서는 안 되잖아,
나는 그렇게 되지 않기를 기도하고 있어.

더 이상 우리 서로를 흠뜯지 말고,
우리 서로를 위하는 마음을 가지고,
서로 잘되기를 바라는 마음으로 서로 바라보고,
그리고 작게나마 보이지 않는 도움을 주는
형제다운 형제가 되어야 해.

북과 남, 남과 북의 아이 형제들아!
비록 현실적으로 할 수 없지만
마음으로만이라도 서로 마음의 손을 잡고
그 따스함을 느끼며 함께 살아가는 형제가 되자꾸나.

아이야 서로 사랑하자,
죽어서도 사랑하자,
천지창조 신에게 간절히 기도하자.

서로 사랑하며 살게 해달라고,
삼팔선이 무지개 되어 사라지는 그날이 오게 해달라고.
북과 남, 남과 북의 아이 형제들아!

그래도 KOREA 엄마는 위대해

정말 용서될 수 없는 엄마,
사람으로서 이해되지 않는 엄마,
정이라고는 전혀 없는 엄마,
그래도 그렇지 않은 KOREA 엄마는 정말 위대해.

언제나 자식 사랑으로 살아가는 엄마,
자신이 하고 싶은 것을 하지 않으면서도
자식들이 하고 싶은 것을 최대로 해주려는 엄마,
남에게 뒤질세라 노심초사하며 아이 생각으로
열심히 살아가는 엄마,
이러한 엄마가 있었기에 지금의 KOREA가
있을 수 있었다는 것을 누구도 부정할 수 없지.

아이야!
너를 진정으로 사랑하며 살아가는
엄마, 아빠가 있다는 것만으로도
너는 참으로 행운아이자 행복한 아이라는 것을
깨닫고 감사하며 살아야 해.
그리고 네 자신을 위해 그 사랑의 힘으로
너의 능력을 최대한 개발해야 하겠지.
아이야 사랑한다, 파이팅.

좋든 싫든

너와 나는
하나.

KOREA라는
이름 안에서

좋든 싫든
지난 역사에서도
함께 웃고 울었어.

앞으로
만들어질 세상에서도
함께 서로를 위하는 마음으로
잘 사는 것이 가장 좋겠지만

그렇지 못해도
좋든 싫든 함께 웃고 울며
살아갈 수밖에 없는 너와 나,
우리는 KOREAN.

무엇으로 이길 수 있을까

말로 이길 수 있을까?
힘으로 이길 수 있을까?
무엇으로 이길 수 있을까?

아이야!
이길 수 있는 그 어떤 능력이 있으면
승리할 수 있겠지만

없다면
힘센 자에게 결국 지게 되겠지.

그 이길 수 있는 능력이란
다름 아닌 지혜, 탁월한 기술, 체력,
시기적절한 실천력, 담대함 등이 모여
이길 수 있는 능력이 될 때
나타나는 승리의 힘이 아닐까?

KOREA의 WOMAN POWER의
상징이 되고 있는 양궁과 골프에서
대한민국을 빛내는 대한 낭자들이
그 승리의 능력이 무엇인지를 보여주고 있잖아.

KOREA!
파이팅이다.

그대 또한 이름 없는 KOREA 영웅이야

정말 영웅이야.
한 사람 한 사람의 힘이 너무도 커,
나라 전체가 죽다가 살아났어.

정말 인재야.
한 사람의 지혜와 노력이 만들어냈어,
누구나 불가능하다고 했던 일을.

이름 없이 피눈물 나는 노력을 하며
살아온 그 사람들 때문에
오늘의 우리가 있지.

정말 감사할 일이야.
또한 그 결실이 헛되지 않도록
살아갈 책임은 우리에게 있어.
호랑이 형상을 하고 있는 KOREA 나라의 주인은
바로 우리들이기 때문이지.

그 마음으로, 밝고 맑은 생기 찬 눈으로
세상 그 어느 곳에서도

자신의 일에 공의와 정의로 KOREA의 이름으로
최선을 다하고 있는
그대 또한 이름 없는 KOREA 영웅이야.

몰아내야

사기꾼이 사기를 쳐
자기 집이라고 하는 것은
분명히 잘못되었어.

그냥 방치하면
정말 자기 집인 줄 알아.

몰아내야
그때부터 내 집이지.

말하기 싫다고
가만히 있으면 어떻게 될까?

그거야
당연히 내 집이 아니고
가지고 있는 자의 집이지.

힘이 없다고, 말하기 싫다고
가만히 있다니.

바보가 아니고
무엇이지?

대한민국, KOREA 만세다

마음은
신비의 성.

마음에 가지고 있는 것은
겉으로는 보이지 않지만
말과 행동으로 반드시 나타나.

그러하니
지극정성으로 기도하며
노력하는데,
어찌 좋은 결실을 맺지
않을 수 있을까?

말 그대로
지극정성은 하늘도 감동받는다고 하니,
그 마음으로 열정을 다하는
KOREA의 선수들이
세계에 대한민국의 영광의 깃발을
휘날리기도 하잖아.

대한민국,
KOREA 만세다.

살기 좋은 세상 1

무엇이 당신을 슬프게 하는가?
무엇이 당신을 더 열심히 살아가게 하는가?
무엇이 당신을 사랑하며 살아가게 하는가?
무엇이 당신을 다시 한번 생각하게 만드는가?
무엇이 당신을 가장 행복하게 만드는가?
무엇이 당신을 가치 있게 만드는가?

....

무엇이 당신을 현재 존재하며 살아가게 하는가?

어떤 사람들은 무엇인가를 만들고,
어떤 사람들은 무엇인가를 요구하고,
어떤 사람들은 모든 것을 포기하고,
어떤 사람들은 환각 속에서 살아가고,
어떤 사람들은 자신 감정 속에 살아가고,
어떤 사람들은 자신의 이익만을 위해 살아가고,
어떤 사람들은 잘못된 권위 의식 속에서 살아가고,
그래도 어떤 사람들은 나라를 사랑하며 살아가고,
어떤 사람들은............

그렇게 해서 오늘 세상이 만들어졌거든.

살기 좋은 세상 2

앞으로 세상도 그렇게 해서 만들어질 것이고,
그래 한 사람으로 어떻게 태어났든
한 사람으로서 자신의 사명과 가치를 위해
최선을 다해 살아가고자 노력한다면
그것으로 의미 있는 것이 아닐까?

자유를 위해,
평화를 위해,
조국 생존과 번영을 위해,
사랑으로 서로의 행복을 위해.

그리고 후회함이 없이
그렇게 살아간다면

그 사람처럼 멋있게 산 사람이 있을까?

누구나 그렇게 살아간다면
대한민국, KOREA는
얼마나 살기 좋은 세상이 될까?

내가 나를

내가 나를
지킬 수 있는 능력이 없는데

어떻게
자신의 꿈을 이룰 수 있겠어,

어떻게
자유와 평화를 말할 수 있겠어.

지금 그래도
세상 어느 곳에 가더라도
KOREA라는 자부심을 가질 수 있는 것은
지난 우리 조상들이
그만큼 열심히 살아왔기 때문.

앞으로 있을
그 어떠한 위험과 어려움도
이제는 우리가 극복해 나가야 할 일들.

그래서
그것을 극복할 수 있는 능력들을 준비하지 않고
남의 일처럼 쳐다보고 남이 해줄 것이라는
막연한 망상은 말 그대로 망상일 뿐.

KOREA는 세계의 중심에 서서

지정학적으로,
지리학적으로
KOREA는 세계의 중심에 서서
세계의 한 국가로 존재하고 있어.

그 세계에, 그 국가에
살아가고 있는 사람들,
KOREAN.

지난 역사에서도
수많은 사건을 겪어야 했던 사람들,
KOREAN.

앞으로도
어쩔 수 없이
KOREA는 세계의 중심에 서서
주변 국가의 정치적, 군사적 변화에 따라
살아갈 수밖에.

예언된 위대한 KOREA

인간의 역사가 시작되고,
민족이 탄생하고,
국가가 만들어지고,
그리고
멸망하고 번영하고,

그 가운데
KOREA가 있으니

이 모든 역사가
하나가 된 KOREA가 재창조되는
과정.

세계 속에서
세계에 홍익의 영으로
이로움을 창조하고 번성시키는 국가,
하나가 된 예언된 위대한 KOREA가
탄생하는 그날이 곧 오리라!

보라,
세상 현실이 곧 그날이 오리라는 것을
예언하고 있지 않는가.

큰사람이 되자

망동하지 말고 정중하기를
태산같이
큰사람이 되자.

생각은
크게 하고,

마음도
크게 먹고,

"KOREA 땅에
좋은 결실을 맺을 수 있다면…" 하는 마음으로
KOREA人으로 살아가는
큰사람이 되자,

아이야!
죽어서도 KOREA의 혼으로 남아
큰 홍익 혼이 되자.

먼 훗날 KOREA 아이들이
우주 세상에서 커다란 꿈을 마음껏 펼치며
살아가는 그 세상의 빛이 되자꾸나.

문학세계대표작가선 829

아이야!

김종환 제4시집

인쇄 1판 1쇄 2017년 11월 30일
발행 1판 1쇄 2017년 12월 7일

지 은 이 : 김종환
펴 낸 이 : 김천우
펴 낸 곳 : 도서출판 천우
등 록 : 1992. 2. 15. 제1-1307호
주 소 : 서울시 성동구 무학봉28길 6 금용빌딩 2F
전 화 : 02)2298-7661
팩 스 : 02)2298-7665
http://moonhak.wla.or.kr
E-mail : chunwo@hanmail.net

값 10,000원

ISBN 978-89-7954-694-1

이 도서의 국립중앙도서관 출판예정도서목록(CIP)은 서지정보유통지원시스템 홈페이지(http://seoji.nl.go.kr)와 국가자료공동목록시스템(http://www.nl.go.kr/kolisnet)에서 이용하실 수 있습니다. (CIP제어번호: CIP2017031787)